# délices glacés
## intenses

MARTINE LAMBERT & DAVID BATTY

# délices glacés
## intenses

PHOTOGRAPHIES
VALERY GUEDES

STYLISME DES RECETTES
NATACHA ARNOULT

ÉDITIONS DE NOYELLES

# SOMMAIRE

# Introduction

Une glace dégustée à bonne température. Existe-t-il un dessert aussi subtil et addictif qu'une bonne glace ? Pas sûr ! Lorsqu'elle est réalisée dans les règles de l'art, ce qui n'implique d'ailleurs aucune complication superflue dans sa fabrication, c'est un moment de bonheur absolu. Martine Lambert, spécialiste des délices glacés, aime les vergers et les potagers, les fraises de plein champ et les orchidées de Madagascar, les arboriculteurs et les petits matins à Rungis. Elle a imaginé dans cet ouvrage une série de recettes simples et efficaces auxquelles elle a insufflé une vraie sensualité et un professionnalisme sans faille. Glace vanille, caramel au beurre salé, chocolat ou praliné-noisettes, sorbet fruits rouges, poire ou mangue... il suffit d'une bonne sorbetière (nous avons utilisé la dernière machine De'Longhi) et de suivre pas à pas les recettes de Martine. Parce que recevoir à sa table, c'est donner du plaisir, elle suggère de réaliser des assiettes composées autour de la glace ou du sorbet. Sans complexes, jonglez avec les saveurs au rythme des saisons. La glace est un domaine sans limites pour vos propres créations.

Martine Lambert et David Batty

## Toutes les recettes de cet ouvrage sont réalisables sans sorbetière.

## Pour cela, il suffit juste de savoir faire une meringue à l'italienne....

Cassez 4 œufs en séparant les blancs des jaunes ; seuls les blancs seront utilisés (ils ne doivent porter aucune trace de jaune). Battez-les en neige très ferme.
Dans le même temps, portez à ébullition 60 g d'eau et 230 g de sucre. Incorporez petit à petit le sirop brûlant aux blancs montés, en le versant en filet entre les lames du batteur, toujours en mouvement ; la préparation obtenue doit avoir la texture d'une chantilly.
Incorporez-la délicatement à 500 g jus d'agrume pur ou au même poids de fruits écrasés et tamisés, ou centrifugés.

• **Pour un résultat optimal,** l'idéal est de gélifier au préalable le jus ou le coulis de fruits : cette opération empêche à la meringue de « tomber », ce qui ramènerait la préparation à un état semi-liquide et rendrait le sorbet granité.
Pour ce faire, trempez 2 feuilles de gélatine dans l'eau froide pendant 3 minutes, pressez-les à la main et incorporez-les à la préparation de fruits légèrement chauffée (40 °C).
Laissez refroidir, puis confectionnez la meringue italienne et associez les deux préparations, qui auront alors une consistance identique. Là, vous aurez le choix entre faire prendre en sorbet au congélateur et laisser simplement au réfrigérateur pendant toute la nuit pour servir le lendemain une mousse aux fruits aérienne exempte de matières grasses.

• **Pour réaliser vos esquimaux,** remplissez les moules, fermez-les bien avant de les placer une nuit au congélateur. Le reste de la glace peut être placé dans un bac et conservé au congélateur plusieurs mois.

• **Dernière idée, pour les enfants :** versez un jus ou un coulis de fruits additionné de sucre glace (très soluble, même à froid) dans des moules à esquimau et faites prendre au congélateur.

Les glaces, elles, ne peuvent se passer de matériel adéquat, mais rien n'interdit de servir une crème anglaise sur un sorbet ou, à l'inverse, de verser un coulis de fruits sur une glace... et là on atteint le nirvana...

# Glace à la vanille

C'est bien simple : une fois que vous aurez réussi à maîtriser cette recette, vous aurez passé une première étape. Vous verrez, le reste vous semblera enfantin.

Préparation : 15 min Cuisson : 10-12 min Infusion : 30 min

Pour 4 personnes
50 cl de lait entier cru ou pasteurisé, 10 cl de crème fleurette, 6 jaunes d'œufs, 165 g de sucre, 3 gousses de vanille

Faites bouillir le lait. Ajoutez la crème et les gousses coupées en morceaux de 1 cm et mixez dans un récipient plus haut que large pour éviter les projections. Laissez infuser au moins 30 minutes.

Fouettez les jaunes d'œufs et le sucre à l'aide d'un batteur électrique jusqu'à ce que le mélange double de volume.

Filtrez le lait dans une passoire, puis faites-le chauffer jusqu'à 45 °C en vérifiant la température avec un thermomètre de cuisson. Ajoutez les œufs, baissez le feu et continuez à faire chauffer en fouettant à l'aide du batteur électrique (vitesse 1) dans la casserole. Contrôlez la température à l'aide du thermomètre et arrêtez la cuisson à 85 °C. Fouettez encore 5 minutes hors du feu et versez immédiatement cette crème dans un saladier où elle refroidira. Cette opération permet non seulement d'obtenir une préparation homogène et veloutée, mais assure la pasteurisation des éléments, condition essentielle à la conservation d'un aliment sain au congélateur, ce qui peut être le sort d'une glace.

Placez dans la turbine à glace. Mettez sur position « turbine et refroidissement », laissez turbiner environ 20 minutes. Arrêtez, ouvrez la machine et goûtez à la cuillère si la texture vous convient : la glace ne doit pas être trop molle, sinon des paillettes vont se former.

“ La réussite d'une bonne glace tient à la crème anglaise de base. Avec un thermomètre et un batteur, il est impossible de la rater. Les proportions données dans cette recette de base permettent de réaliser 75 cl de glace.
Mixer les gousses de vanille dans le lait plutôt que de les gratter donne un résultat supérieur en goût. On peut aussi les remplacer par de l'extrait de vanille : le goût sera plus caramélisé ; préférez alors l'orchidée et le petit revenu du Malgache. ”

# Fruits rouges enrobés de coulis,
## glace à la vanille

Un dessert pour célébrer les premières fraises, honorer les fruits rouges du plein été, s'attendrir sur les dernières framboises.

Préparation : 15 min

Pour 4 personnes
Pour les fruits : 200 g de fraises, 200 g de framboises, 200 g de cassis, mûres ou cerises, 50 g de sucre
Pour le coulis : 300 g de fruits rouges frais (mélange de fraises, groseilles et cerises pour un coulis léger ; cassis, framboises et fraises des bois pour une texture plus épaisse), 80 g de sucre

Nettoyez les fruits rapidement sans les faire tremper. Saupoudrez les fraises de sucre afin de leur faire rendre l'excédent d'eau et concentrer ainsi leurs saveurs.

Réalisez le coulis : mixez les fruits à l'aide d'une centrifugeuse, jusqu'à obtention d'une texture bien lisse. Ajoutez le sucre, mélangez et passez au chinois pour obtenir un coulis le plus fin possible.

Au moment de servir, enrobez les fruits de coulis comme une sauce, ajoutez des boules de glace à la vanille dessus (voir page 9). Mais ne versez surtout pas le coulis dessus : la glace se déguste telle quelle !

“La vanille est, comme le sel, un vrai révélateur de goût.”

# Glace au poivre du Sichuan

En un mot : bluffant.

**Préparation : 20 min Cuisson : 15 min Infusion : 2 h**

**Pour 4 personnes**
40 cl de lait, 10 cl de crème liquide, 5 œufs, 120 g de sucre en poudre, 5 g de poivre du Sichuan

Cassez les œufs en séparant les jaunes des blancs. Dans un saladier, fouettez les jaunes et le sucre à l'aide d'un fouet jusqu'à ce que le mélange blanchisse.

Faites bouillir le lait, ajoutez la crème liquide et laissez refroidir. Versez sur le mélange sucre-œufs et fouettez sur le feu jusqu'à ce que la température atteigne 85 °C (contrôlez la température à l'aide d'un thermomètre de cuisson). Fouettez encore 5 minutes hors du feu. Versez cette crème dans un saladier, ajoutez le poivre du Sichuan et laissez infuser 2 heures.

Filtrez. Placez dans la turbine à glace. Mettez sur position « turbine et refroidissement », laissez turbiner 20 minutes. Arrêtez, ouvrez la machine et goûtez à la cuillère si la texture vous convient : la glace ne doit pas être trop molle, sinon des paillettes vont se former.

**« Comme son nom ne l'indique pas, le poivre du Sichuan est une épice très parfumée sans le caractère piquant du poivre. »**

# Raisiné d'Albas,
## glace au poivre de Sichuan

Une compote de grand-mère, un vrai dessert tendresse.

**Préparation : 20 min   Cuisson : 10 min**

**Pour 4 personnes**
500 g de raisins noirs de type muscat, 2 pommes et 2 poires (soit 500 g de fruits épluchés), 60 g de sucre en poudre

Lavez et égrappez les raisins. Passez-les, après les avoir mis sous un film alimentaire adapté, 3 minutes 30 au four à micro-ondes (position maximale) : cela évitera tout phénomène d'oxydation lors du passage à la centrifugeuse. Centrifugez le raisin et faites chauffer le jus avec le sucre à feu moyen, jusqu'à réduction de moitié.

Épluchez et épépinez les poires et les pommes, coupez-les en lamelles de 5 mm d'épaisseur.

Versez le jus de raisin sur les fruits et passez le tout 3 minutes 30 au four à micro-ondes (position maximale). Enrobez bien les fruits du jus coloré et laissez reposer 15 minutes : ils vont rendre encore un peu d'eau, qui va se mélanger au jus.

Égouttez les fruits et récupérez le jus. Faites-le légèrement réduire (il doit tapisser la cuillère), nappez à nouveau les fruits, et servez tiède ou froid avec la glace au poivre du Sichuan.

« Cette compote où il reste des morceaux de fruits est un dessert en tendresse, comportant peu de sucre ajouté et qui s'adresse aux petits comme aux grands.
Cette méthode permet d'obtenir des fruits moelleux, d'une jolie couleur rose, et fournit une alternative aux cuissons à base de vin. À défaut de raisins muscat, utilisez du jus de raisin. »

# Glace à la noix de coco

Une cuillerée, deux cuillerées, trois cuillerées... vous vous arrêtez quand ?

Préparation : 20 min   Cuisson : 5 min

Pour 4 personnes

20 cl de lait, 180 g de sucre en poudre, 40 cl de lait de coco en boîte, 125 g de noix de coco en poudre

Mettez tous les ingrédients dans une casserole. Faites bouillir et maintenez l'ébullition 5 minutes à feu doux. Laissez refroidir puis passez au chinois ou, de préférence, à la centrifugeuse pour bien extraire la matière grasse et l'arôme.

Remettez 50 g de noix de coco râpée prélevée de la partie centrifugée pour conserver en bouche le plaisir des petits morceaux de coco.

Placez dans la turbine à glace. Mettez sur position « turbine et refroidissement », laissez turbiner environ 20 minutes. Arrêtez, ouvrez la machine et goûtez à la cuillère si la texture vous convient : la glace ne doit pas être trop molle, sinon des paillettes vont se former.

“ Remettre une partie de la noix de coco dans le mélange permet d'avoir en bouche un effet Bounty®. Cette glace se conserve plusieurs jours au congélateur. ”

# Bananes flambées,
## glace à la noix de coco

Si vous avez compris la technique, faites le test avec les bananes, et prolongez le plaisir avec ce qui vous passe dans les mains.

Préparation : 20 min   Cuisson : 15 min

Pour 4 personnes
2 bananes , 2 œufs, 50 g de beurre, 50 g de sucre fin, 50 g de farine, alcool au choix (rhum, whisky, limoncello)

Épluchez les bananes, partagez-les en deux dans le sens de la longueur et saupoudrez-les de sucre fin. Roulez-les dans la farine puis dans l'œuf battu (1 œuf pour 2 demi-fruits) et à nouveau dans la farine.

Dans une poêle, faites-les cuire au beurre 15 minutes environ, en les retournant plusieurs fois, d'abord à feu vif puis à feu doux.

Lorsque la cuisson est terminée, versez l'alcool dans la poêle chaude et approchez une grande allumette de barbecue. Remuez doucement pour que l'alcool flambé parfume bien les fruits. Si vous débutez, vous aurez pris soin d'inviter un pompier volontaire.

« Vous pouvez aussi flamber les bananes à table. Faites chauffer l'alcool dans une petite casserole. Dressez les bananes dans un plat de service, versez l'alcool sur les fruits, approchez l'allumette, flambez, et servez avec la glace à la noix de coco (voir page 14). »

# Glace au lemon curd

Dans sa version anglaise, ce dessert n'a aucun équivalent à l'heure du thé avec quelques biscuits sablés.

**Préparation : 15 min   Cuisson : 10 min**

**Pour 4 personnes**
2-3 citrons non traités, 75 g de beurre, 5 œufs, 120 g de sucre en poudre

Lavez les citrons et prélevez leur zeste à l'aide d'une râpe très fine. Pressez les fruits pour exprimer leur jus (10 cl environ).

Dans une casserole, mettez les œufs, le beurre, le sucre et le jus des citrons. Faites chauffer à feu moyen en fouettant. L'opération est très rapide : arrêtez la cuisson lorsque la température atteint 60 °C (contrôlez à l'aide d'un thermomètre de cuisson). Fouettez encore 5 minutes hors du feu, ajoutez les zestes et mélangez. Laissez refroidir.

Placez dans la turbine à glace. Mettez sur position « turbine et refroidissement », laissez turbiner environ 20 minutes. Arrêtez, ouvrez la machine et goûtez à la cuillère si la texture vous convient : la glace ne doit pas être trop molle, sinon des paillettes vont se former.

« Cette glace est addictive… Sa teneur en beurre lui donne une texture plus moelleuse si elle est confectionnée le jour même de sa dégustation à bonne température. Soit, dans l'idéal, à -10 °C. »

# Sablés de Caen et fruits rouges,
## glace au lemon curd

De la farine, du beurre, des framboises... et le tour est joué !

Préparation : 30 min   Cuisson : 25 min   Repos : 2 h   Congélation : 30 min

**Pour 4 personnes**
200 g de framboises fraîches ou surgelées + 50 g de sucre en poudre, 125 g de farine, 90 g de beurre, 2 œufs, 90 g de sucre en morceaux, 1 cuil. à café de bicarbonate de soude

Si les fruits sont surgelés, parsemez-les de 50 g de sucre en poudre et récupérez le jus.

Faites cuire les œufs environ 10 minutes. Écalez-les et conservez uniquement les jaunes : mélangez-les au beurre pendant qu'ils sont encore chauds afin d'obtenir une sorte de pommade. Écrasez grossièrement les morceaux de sucre au pilon ou au rouleau à pâtisserie. Ajoutez-les avec le bicarbonate, puis la farine du bout des doigts. Mélangez. Laissez reposer 2 heures à température ambiante.

Au bout de ce temps, façonnez la pâte en boudins que vous mettrez au congélateur 30 minutes afin de pouvoir les détailler plus facilement.

Préchauffez le four à 150 °C (th. 5).

Coupez les boudins de pâte en rondelles de 1 cm, déposez-les sur une plaque allant au four garnie d'un papier de cuisson. Faites cuire 15 minutes au four.

Servez ces sablés avec les framboises et la glace au lemon curd (voir page 18) que vous napperez de jus de framboise.

« Comme son nom l'indique, le sablé doit donner l'impression du sable. Le secret réside dans le travail de la pâte, légère, et aux petits morceaux de sucre encore craquants dans la bouche. Vous pouvez aussi utiliser cette recette (avant la formation des boudins) pour réaliser des crumbles. »

# Sorbet aux fruits rouges

Une fois que vous avez compris le principe du sorbet, laissez-vous aller et faites vos propres mélanges.

Préparation : 10 min

Pour 4 personnes
750 g de fruits mélangés (framboises, fraises, fraises des bois), 260 g de sucre en poudre

Lavez les fraises sans les équeuter et mixez ensemble les fruits et le sucre. Pour obtenir un jus lisse, utilisez une centrifugeuse ou sinon passez le jus au chinois au-dessus d'un saladier.

Placez dans la turbine à glace. Mettez sur position « turbine et refroidissement », laissez turbiner environ 20 minutes. Arrêtez, ouvrez la machine et goûtez à la cuillère si la texture vous convient : la glace ne doit pas être trop molle, sinon des paillettes vont se former.

« La centrifugeuse est réellement utile car elle permet de récupérer tout le gras du fruit. »

# Meringues moelleuses, sorbet aux fruits rouges

Le problème avec ce type de meringue, c'est qu'on ne peut pas s'arrêter une fois que l'on est tombé dedans. Avec cette version, aucun risque de se casser les dents, bien au contraire : l'extérieur est craquant, l'intérieur, ultrafondant.

**Préparation : 55 min Cuisson : 1 h**

**Pour 4 personnes**
250 g de sucre en poudre, 4 œufs, sel

Préchauffez le four à 90 °C (th. 3).

Cassez les œufs en séparant les blancs des jaunes. Montez les blancs en neige ferme avec une pincée de sel dans un récipient plus haut que large. Faites chauffer le sucre avec 10 cl d'eau jusqu'à ce que mélange épaississe et versez-le sur les blancs battus. Continuez de fouetter jusqu'à complet refroidissement. Cette préparation est très ferme et se prête à tous les moulages au moyen d'une poche à douille.

Sur une plaque allant au four garnie de papier sulfurisé, formez des disques de 6 cm de diamètre. Faites cuire 1 heure au four. Puis arrêtez la cuisson et ouvrez la porte. Laissez refroidir ainsi 30 minutes : l'intérieur des meringues doit rester crémeux.

Recouvrez les meringues d'une crème Chantilly maison et servez avec le sorbet aux fruits rouges (voir page 22).

**« Si vous souhaitez faire un vacherin maison, garnissez chaque disque à l'aide d'une poche à douille et non en « tartinant ». Vous risqueriez de casser les meringues. Si vous réalisez ce montage à l'avance, replacez-le ensuite au congélateur. Vous sortirez le vacherin 5 minutes avant de le servir. »**

# Glace au café

Le secret de cette recette ?
La présence des grains qui donne un vrai goût de café maison.

**Préparation : 15 min   Cuisson : 10 min   Infusion : 1 h**

**Pour 4 personnes**
50 cl de lait entier cru ou pasteurisé, 10 cl de crème fleurette, 6 jaunes d'œufs, 170 g de sucre en poudre, 15 g de grains de café, 4-5 cl d'extrait de café (ou, si vous préférez moins sucré, du Nescafé® additionné d'un peu de sucre)

Faites bouillir le lait, ajoutez la crème fleurette, les grains et l'extrait de café, et laissez infuser 1 heure.

Fouettez les jaunes d'œufs et le sucre à l'aide d'un batteur électrique jusqu'à ce que le mélange double de volume.

Filtrez le lait dans une passoire. Ajoutez les œufs et faites chauffer en fouettant à l'aide du batteur électrique (vitesse 1). Contrôlez la température à l'aide du thermomètre et arrêtez la cuisson à 85 °C. Fouettez encore 5 minutes hors du feu et versez immédiatement la préparation dans un saladier où elle refroidira. Cette opération permet non seulement d'obtenir une préparation homogène et veloutée, mais assure la pasteurisation des éléments, condition essentielle à la conservation d'un aliment sain au congélateur, ce qui peut être le sort d'une glace.

Placez dans la turbine à glace. Mettez sur position « turbine et refroidissement » et laissez turbiner environ 20 minutes. Arrêtez, ouvrez la machine et goûtez à la cuillère si la texture vous convient : la glace ne doit pas être trop molle, sinon des paillettes vont se former.

**“ Vous pouvez augmenter le poids de grains de café et employer moins d'extrait. La couleur sera moins soutenue mais le goût plus raffiné. ”**

# Pamplemousse et gelée de pamplemousse, glace au café

Une gelée tremblotante, sensible comme un jeune poète.

**Préparation : 15 min   Cuisson : 10 min   Réfrigération : 3 h**

**Pour 4 personnes**
2 pamplemousses
**Pour la gelée :** 1 pamplemousse, ½ feuille de gélatine, 70 g de sucre en poudre

Pelez les 2 pamplemousses à vif. Enlevez les membranes entre les quartiers à l'aide d'un couteau bien aiguisé.

Pour la gelée : mettez la gélatine à tremper dans un bol d'eau froide. Pressez le pamplemousse pour en exprimer le jus (environ 12,5 cl) et faites chauffer à 60 °C avec le sucre. Laissez tiédir.

Essorez la gélatine et plongez-la dans le jus de pamplemousse. Nappez les fruits de gelée et laissez prendre au moins 3 heures au réfrigérateur. Servez avec de la glace au café (voir page 26).

« Vous pouvez, selon le même principe, réaliser toutes sortes de gelées (aux agrumes et autres fruits comme les groseilles et les cerises) pour faire des nappages qui apporteront aux fruits sucre et velouté. Partez d'une base de 70 g de sucre pour 12,5 cl de jus. »

# Sorbet à la poire

Le meilleur sorbet du monde ? Sans aucun doute...
si vous trouvez les bonnes poires.

Préparation : 15 min

Pour 4 personnes
600 g de poires (conférence) mûres, 2 citrons , 130 g de sucre en poudre

Certaines variétés, par ailleurs excellentes sur le plan gustatif (comice, beurré Hardy, williams), ne possèdent pas assez d'acidité, et le sorbet prendra une vilaine couleur brune. Laissez-les 2 jours à température ambiante dans la cuisine afin qu'elles soient à bonne maturité.

Épluchez les poires en les déposant au fur et à mesure dans un saladier rempli d'eau additionnée du jus de 1 ou 2 citrons, ce qui évitera aux fruits de s'oxyder.

Égouttez-les et, dans un saladier, mixez-les avec le sucre. Placez sans attendre dans la turbine à glace. Mettez sur position « turbine et refroidissement », laissez turbiner 20 minutes. Arrêtez, ouvrez la machine et goûtez à la cuillère si la texture vous convient : la glace ne doit pas être trop molle, sinon des paillettes vont se former.

« N'ajoutez pas de jus de citron aux fruits, son goût serait très présent. Cependant, si vous aimez cet accord, sachez que vous obtiendrez un sorbet un peu plus blanc. »

# Friands aux amandes,
## sorbet à la poire

On vous aura prévenus, friands aux amandes et sorbet à la poire : vous êtes cuits !

Préparation : 25 min Cuisson : 20 min

Pour 4 personnes
4 blancs d'œufs, 100 g de beurre + 20 g pour les moules, 160 g de sucre en poudre + 20 g pour les moules, 50 g de farine, 50 g d'amandes entières, 1 pincée de sel

Préchauffez le four à 210 °C (th. 7).

Écrasez grossièrement les amandes au pilon dans un mortier : la présence de morceaux donne aux friands une texture plus agréable.

Dans un saladier, mélangez la farine, le sucre et les amandes. Battez les blancs en neige bien ferme avec une pincée de sel. Incorporez-les délicatement au mélange précédent.

Beurrez des moules à financiers, à cannelés ou à muffins, et saupoudrez le fond et les parois de sucre : c'est de qui donnera le croustillant du friand.

Faites fondre 100 g de beurre 30 secondes au four à micro-ondes. Versez le beurre fondu sur la préparation et répartissez-la dans des petits moules. Faites cuire 20 minutes au four.

Servez tiède avec une quenelle de sorbet à la poire (voir page 29).

« Il est important de beurrer les moules, afin d'obtenir une enveloppe croustillante et caramélisée, qui contraste parfaitement avec le moelleux du gâteau. Servez ce dessert avec le sorbet à la poire et un coulis de mûres (obtenu en mixant des mûres avec 25 % de leur poids en sucre). »

# Sorbet à l'avocat

Cette version aux échalotes confites est un pousse-au-crime (gastronomique, évidemment !).

**Préparation : 15 min   Macération : 2 h**

**Pour 4 personnes**
3-4 avocats (soit environ 250 g de pulpe), 2 tomates moyennes, 2 échalotes, 20 cl de vinaigre de vin, 3 cuil. à soupe d'huile d'olive , un trait de Tabasco, sel et poivre du moulin

Pelez les échalotes et hachez-les. Mettez ce hachis dans un bol, recouvrez de vinaigre et laissez macérer 2 heures.

Pelez et épépinez les tomates. Épluchez les avocats. Égouttez les échalotes. Mélangez tous ces ingrédients ainsi que l'huile dans un saladier, salez, poivrez et ajoutez du Tabasco selon votre goût.

Placez sans attendre dans la turbine à glace. Mettez sur position « turbine et refroidissement », laissez turbiner 20 minutes. Arrêtez, ouvrez la machine et goûtez à la cuillère si la texture vous convient : la glace ne doit pas être trop molle, sinon des paillettes vont se former.

“ Les avocats sont vendus avant maturité. Aussi achetez-les à l'avance, et laissez-les de 2 à 5 jours à température ambiante dans la cuisine. Vous vérifierez qu'ils sont mûrs en appuyant sur le pédoncule : si celui-ci est souple, voire moelleux, vous pouvez les placer au réfrigérateur où ils se conserveront sans évoluer pendant 10 à 12 jours. Cette méthode permet d'avoir toujours à disposition des avocats à point. ”

# Tours d'oboles,
## sorbet à l'avocat

L'architecture du plat vous paraît osée ?
Goûtez d'abord, et on en reparle ensuite.

**Préparation : 15 min**

**Pour 4 personnes**
1 paquet d'oboles de Lucerne aux graines de cumin des prés® Albert Ménès, 2 tomates,
1 cuil. à soupe d'huile d'olive, sel et poivre du moulin

Remplissez une poche à douille de sorbet à l'avocat (voir page 33). Superposez 2 oboles l'une sur l'autre et déposez une fine couche de sorbet à l'avocat dessus.

Répétez l'opération sept fois pour obtenir des tours d'oboles.

Servez avec les tomates coupées en dés et assaisonnées d'huile d'olive.

« Vous pouvez réaliser cette recette avec des crackers si vous ne trouvez pas d'oboles. »

# Glace au caramel

Addiction immédiate, plaisir stylé et palais en effervescence...
voilà quelques-uns des effets désirés.

**Préparation : 25 min   Cuisson : 20 min**

**Pour 4 personnes**
50 cl de lait, 6 jaunes d'œufs, 190 g de crème épaisse, la classique fermière ou non (de préférence crème crue fermière), 100 g de sucre en poudre, 170 g de sucre en morceaux

Confectionnez le caramel : dans une casserole, faites fondre à feu moyen les morceaux de sucre dans très peu d'eau. (Veillez, si vous avez une gazinière, à ce que la flamme ne vienne pas lécher les bords de la casserole, ce qui provoquerait des goudrons difficiles à nettoyer sur les parois.) Remuez avec une cuillère en bois : les bulles transparentes vont laisser place à un caramel blond. Continuez de remuer jusqu'à ce que les bulles aient disparu : le caramel doit devenir de couleur brune. Mais surveillez, car à quelques secondes près, vous aurez du « jus de singe ».

Hors du feu, versez sur le caramel la crème en 3 fois. Attention aux projections dues à la différence de température. Remettez sur feu moyen et faites bouillir 5 minutes à petits frémissements (des flocons se forment) sans cesser de remuer. Vous devrez peut-être exécuter cette opération plusieurs fois avant d'acquérir le sens de « l'instant caramel ». Laissez-vous guider par les yeux et l'odeur du sucre...

Pour la réalisation de la glace : faites bouillir le lait puis laissez-le refroidir. Fouettez les jaunes d'œufs et le sucre jusqu'à ce que le mélange double de volume. Ajoutez le lait, et fouettez sur le feu jusqu'à ce que la température atteigne 85 °C. Fouettez encore 5 minutes hors du feu, ajoutez la sauce caramel, versez dans un saladier et laissez refroidir. Cette opération permet non seulement d'obtenir une préparation homogène et veloutée, mais assure la pasteurisation des éléments, condition essentielle à la conservation d'un aliment sain au congélateur, ce qui peut être le sort d'une glace.

Placez dans la turbine à glace. Mettez sur position « turbine et refroidissement », laissez turbiner environ 20 minutes. Arrêtez, ouvrez la machine et goûtez à la cuillère si la texture vous convient : la glace ne doit pas être trop molle, sinon des paillettes vont se former.

**“ Réussir un bon caramel suppose de maîtriser cette délicate opération de « l'instant caramel ». Plus vous en ferez, plus votre caramel sera parfait. Attention, il est important d'utiliser du sucre en morceaux plutôt qu'en poudre. Cette sauce peut se conserver 1 mois au réfrigérateur. Réchauffée, elle servira à napper des pommes cuites au four ou des poires pochées. ”**

# Lait au riz,
## glace au caramel

Une cuisson lente du riz, une osmose complète entre tous les ingrédients, un résultat qui ne laisse aucune ambiguïté.

**Préparation : 15 min Cuisson : 1 h 5 Infusion : 1 h**

**Pour 4 personnes**
1,5 litre de lait entier cru ou pasteurisé, 180 g de sucre en poudre, 30 g de riz rond (type riz à risotto), 1 bâton de cannelle,1 gousse de vanille

Faites bouillir le lait avec le sucre, ajoutez la gousse de vanille coupée en morceaux de 1 cm et le bâton de cannelle. Mixez dans un récipient plus haut que large pour éviter les projections et laissez infuser 1 heure.

Filtrez dans une casserole, ajoutez le riz et faites cuire d'abord 5 minutes à feu vif en remuant avec une cuillère en bois, puis baissez le feu et laissez cuire environ 1 h. Surveillez constamment pour éviter que le riz n'attache au fond de la casserole. En cours de cuisson, vous verrez une voûte se former, ce qui est normal et souhaitable... mais pas trop longtemps : percez avec la cuillère pour rassembler les éléments.

En fin de cuisson, il vous semblera que le riz n'a pas absorbé tout le lait. Retirez-le pourtant du feu, car en refroidissant il continuera à épaissir pour donner un dessert crémeux, très différent de la teurgoule ou du riz au lait compact. Servez-le autour de la glace au caramel.

**« Vous pouvez ajouter à ce riz au lait des cubes de poire pochée. »**

# Glace caramel au beurre salé à la paresseuse

Vous visualisez les caramels au beurre salé ?
Cette version en est l'exacte réplique glacée.

Préparation : 15 min   Cuisson : 5 min

Pour 4 personnes
50 cl de lait, 10 cl de crème fleurette, 6 jaunes d'œufs, 180 g de bonbons « caramel au beurre salé »

Faites bouillir le lait. Ajoutez les caramels dans le lait bouillant et laissez-les fondre, puis versez la crème. Laissez refroidir.

Ajoutez les jaunes d'œufs dans le lait au caramel, faites chauffer à feu moyen et fouettez jusqu'à ce que la température atteigne 85 °C. Hors du feu, fouettez encore 5 minutes avec le batteur électrique (vitesse 1), versez dans un saladier et laissez refroidir. Cette opération permet non seulement d'obtenir une préparation homogène et veloutée, mais assure la pasteurisation des éléments, condition essentielle à la conservation d'un aliment sain au congélateur, ce qui peut être le sort d'une glace.

Placez dans la turbine à glace. Mettez sur position « turbine et refroidissement », laissez turbiner environ 20 minutes. Arrêtez, ouvrez la machine et goûtez à la cuillère si la texture vous convient : la glace ne doit pas être trop molle, sinon des paillettes vont se former.

« Pour un caramel au beurre salé maison, reprenez la recette de la glace au caramel (voir page 36) et ajoutez dans la sauce caramel chaude 20 g de beurre et 2 pincées de sel. »

# Pomme cuite en robe des champs,
## glace caramel au beurre salé

Imaginez le choc des sensations, pommes fondantes encore tièdes à gauche, glace caramel au beurre salé à droite. Ou inversement, bien évidemment.

**Préparation : 10 min   Cuisson : 25 min**

**Pour 4 personnes**
4 pommes acidulées de type reinette ou booskop, 4 cuil. à café de sucre en poudre, 4 noisettes de beurre

Préchauffez le four à 180 °C (th. 6).

À l'aide d'un vide-pomme, enlevez le cœur et les pépins des pommes sans endommager le fond. Mettez dans chaque trou une noisette de beurre et 1 cuillerée à café de sucre.

Faites cuire les pommes de 20 à 25 minutes au four dans leur peau. Elles doivent être fondantes, comme une compote dans la peau du fruit. Servez tiède avec la glace caramel au beurre salé à la paresseuse (voir page 38).

« Nappez éventuellement les pommes d'une sauce caramel (voir la sauce de base de la glace au caramel page 36). »

# Glace praliné-noisettes

Alerte maximale, il n'y a aucun moyen d'y réchapper.

**Préparation : 20 min   Cuisson : 15 min**

**Pour 4 personnes**
4 jaunes d'œufs, 40 cl de lait , 100 g de noisettes en poudre, 80 g de sucre en morceaux, 100 g de sucre en poudre

Dans une casserole, préparez un caramel blond en faisant fondre les morceaux de sucre à feu très doux. Ajoutez les noisettes en poudre, enrobez-les de caramel avec une cuillère en bois et faites griller légèrement 5 minutes. Cette opération s'appelle « praliner » et peut s'effectuer également avec des noix ou des amandes.

Faites bouillir le lait, laissez-le refroidir. Dans un saladier, fouettez les jaunes d'œufs et le sucre en poudre jusqu'à ce que le mélange blanchisse. Versez le lait dessus, et fouettez sur le feu jusqu'à ce que la température atteigne 85 °C (contrôlez la température à l'aide d'un thermomètre de cuisson). Fouettez encore 5 minutes hors du feu.

Versez le quart de cette crème anglaise sur le pralin de noisettes chaud en veillant à bien le dissoudre au cas où il aurait durci et en le maintenant sur feu doux jusqu'à complète dissolution. Ajoutez le reste de crème anglaise et laissez refroidir.

Placez dans la turbine à glace. Mettez sur position « turbine et refroidissement », laissez turbiner 20 minutes. Arrêtez, ouvrez la machine et goûtez à la cuillère si la texture vous convient : la glace ne doit pas être trop molle, sinon des paillettes vont se former.

**“ Veillez à ce que le pralin ne durcisse pas : il doit être bien dissous lorsque vous verserez la crème dessus, sinon cela empêcherait la rotation de l'hélice et risquerait d'endommager la sorbetière. ”**

# Beignets-surprises de pruneaux,
## glace praliné-noisettes

À programmer un dimanche après-midi de pluie,
au goûter, pour se contenter d'une soupe le soir...

Préparation : 30 min  Cuisson : 12 min (3 min pour 5 beignets)  Repos : 2 h

Pour 4 personnes
16-20 pruneaux de gros calibre, 100 g de farine, 1 œuf, 10 cl de bière, 1 pincée de sel, 1 cuil. à soupe d'huile d'olive, huile de friture

Cassez l'œuf en séparant le jaune du blanc.

Mettez la farine dans un saladier et faites un puits. Ajoutez le jaune d'œuf, l'huile, le sel, la bière et mélangez comme pour une pâte à crêpes. Battez le blanc en neige et incorporez-le au mélange en toute légèreté. Laissez reposer 2 heures à température ambiante pour obtenir une légère fermentation. Pendant ce temps, dénoyautez les pruneaux et mettez-les dans un bol d'eau tiède pour les réhydrater.

Séchez les pruneaux dans un papier absorbant avant emploi. Faites chauffer de l'huile de friture dans une casserole pas trop large (la cuisson est très rapide et on ne peut cuire que 4 ou 5 pièces à la fois). Jetez les pruneaux dans le saladier de pâte, repêchez-les à la cuillère et déposez-les dans l'huile bouillante. Après 2 ou 3 minutes, retirez-les et déposez-les sur du papier absorbant. L'idéal est de les manger très vite encore tièdes accompagnés de glace praliné-noisettes (voir page page 42).

« Avec la pâte restante, on peut redécouvrir les beignets aux pommes (vidées de leurs pépins et coupées en anneaux) de nos fêtes foraines, faire frire des poires en dés ou encore réaliser des acras de morue bien relevés pour l'apéritif. »

# Glace au yaourt

C'est sûrement la glace la plus simple du monde et l'une de celles qui provoquent la plus forte addiction.

Préparation : 15 min  Cuisson : 1 min  Macération : 2 h

**Pour 4 personnes**

4 yaourts nature, 8 cl de crème fleurette, 100 g de lait en poudre, 150 g de sucre en poudre

Dans une casserole, faites fondre le sucre 1 minute dans un fond d'eau. Mélangez tous les ingrédients. Laissez reposer 2 heures au frais.

Placez dans la turbine à glace. Mettez sur position « turbine et refroidissement », laissez turbiner 20 minutes. Arrêtez, ouvrez la machine et goûtez à la cuillère si la texture vous convient : la glace ne doit pas être trop molle, sinon des paillettes vont se former.

“ Vous pouvez aromatiser cette glace avec des feuilles de menthe que vous ajouterez au mélange après 1 heure de macération. Pensez à les retirer avant de turbiner. ”

# LA salade de fruits,
## glace au yaourt

Suivez la recette à la lettre, c'est LA meilleure salade de fruits du monde.

**Préparation : 20 min  Repos : 2 h**

**Pour 4 personnes**
1 mangue, 1 ananas, 4 kiwis, 2 poires, 250 g de fruits rouges frais (fraises, framboises et cassis), 4 pruneaux bien moelleux, 2 cuil. à soupe de raisins secs, 6 abricots secs

La salade de fruits peut être complètement ratée si elle ne comporte pas au moins sept fruits différents frais et secs et si elle n'est pas réalisée à l'avance. Ce temps de repos permet aux sucres de s'équilibrer et aux fruits secs de s'hydrater.

Pelez la mangue, les poires et l'ananas. Coupez tous les fruits en petits morceaux : il est important de respecter cette règle afin d'avoir ensuite en bouche un vrai mélange des saveurs. Mettez-les dans un saladier, mélangez et réservez au frais 2 heures. Inutile d'ajouter du sucre, les fruits secs l'apportent naturellement. Servez avec de la glace au yaourt (voir page 46).

**« Vous pouvez bien évidemment parfumer cette salade avec l'alcool de votre choix (rhum, par exemple). »**

# Sorbet au citron

Plus simple ? Impossible...

**Préparation : 10 min   Cuisson : 5 min**

**Pour 4 personnes**
25 cl de jus de citron fraîchement pressé, 27 cl d'eau minérale, 270 g de sucre en poudre

Faites chauffer l'eau minérale et le sucre dans une casserole afin de bien dissoudre ce dernier. Laissez refroidir complètement.

Ajoutez le jus de citron et mélangez.

Placez dans la turbine à glace. Mettez sur position « turbine et refroidissement », laissez turbiner 20 minutes. Arrêtez, ouvrez la machine et goûtez à la cuillère si la texture vous convient : la glace ne doit pas être trop molle, sinon des paillettes vont se former.

**« En raison de son fort taux d'humidité, ce sorbet ne se conserve pas ; mieux vaut donc le confectionner le jour même de sa dégustation. L'eau minérale est indispensable pour ne pas avoir de goût chloré et préserver la saveur originelle du sorbet. Veillez également à bien laisser refroidir l'eau afin d'éviter le goût de tisane typique du jus de citron versé sur de l'eau chaude. Pour réaliser un sorbet au citron vert, remplacez les 25 cl de jus de citron par 22 cl de jus de citron vert. »**

# Rosace de pêches de vigne à l'huile de pistache,
## sorbet au citron

L'huile de pistache, c'est vraiment ce qui fait la différence gustative.

**Préparation : 10 min**

**Pour 4 personnes**
4 pêches de vigne, 1 cuil. à soupe d'huile de pistache

Épluchez les pêches, dénoyautez-les et coupez-les en lamelles.

Formez une rosace dans chaque assiette et déposez au centre une boule de sorbet au citron. Arrosez les pêches d'un trait fin d'huile de pistache et servez.

**« À essayer aussi avec des pêches classiques ou des brugnons. »**

# Sorbet à la mangue

Pour les accrocs aux saveurs franches en bouche qui ne laissent pas insensibles.

**Préparation : 10 min**

**Pour 4 personnes**
2 mangues de 300 à 400 g (variété Kent de préférence),
sucre en poudre (de 30 à 35 % du poids des fruits, selon votre goût et leur maturité)

Demandez une mangue « décollée », c'est-à-dire chauffée, ce qui déclenche le processus de maturation : une mangue dure n'évoluera pas dans votre cuisine. Elle a besoin d'un rappel de son pays natal... Si elle est déjà souple, laissez-la mûrir après l'achat si vous préférez un fruit gras plutôt que juteux et acidulé.

Pelez la mangue et enlevez le noyau central. Mixez la chair avec le sucre.

Placez dans la turbine à glace. Mettez sur position « turbine et refroidissement », laissez turbiner 20 minutes. Arrêtez, ouvrez la machine et goûtez à la cuillère si la texture vous convient : la glace ne doit pas être trop molle, sinon des paillettes vont se former.

> “ Certains spécialistes en produits surgelés proposent des mangues en lamelles prêtes à l'emploi. ”

# Lamelles de fraises aux lanières d'orange confite,
## sorbet à la mangue

Fraises et oranges : du grand art.

Préparation : 20 min   Cuisson : 1 h

Pour 4 personnes
250 g de fraises, 2 oranges, le jus de 1 citron, 90 g de sucre en poudre, 10 cl de sirop de grenadine

Équeutez les fraises, coupez-les en lamelles dans le sens de la hauteur. Saupoudrez-les de 40 g de sucre afin de leur faire rendre leur eau, ce qui leur donnera plus de saveur.

Lavez les oranges. Épluchez-les en les incisant jusqu'à la chair en 6 ou 8 quartiers, puis détachez les morceaux d'écorce et recoupez-les en très fine julienne (lanières très fines).

Faites bouillir 10 cl d'eau avec le jus extrait des fraises, le sirop de grenadine, le jus de citron, le reste du sucre. Ajoutez les lamelles d'orange et faites-les confire 1 h dans ce sirop à petits frémissements. Laissez-les refroidir dans le jus de cuisson et égouttez-les.

Disposez les fraises autour du sorbet à la mangue (voir page 53) et décorez avec les lanières d'orange confite.

« Vous pouvez remplacer les fraises par des oranges ou associer les deux fruits. En saison, préférez des cerises. Vous pouvez également utiliser ces oranges confites pour agrémenter la glace au chocolat (voir page 66). »

# Glace pain d'épice au miel

Le nom est suffisamment évocateur, suivez la recette.

**Préparation : 15 min   Cuisson : 10 min   Infusion : 2 h**

**Pour 4 personnes**
40 cl de lait, 5 jaunes d'œufs, 120 g de sucre en poudre, 30 g de miel, 10 g de girofle en poudre, 20 g de cannelle moulue, 10 g de gingembre en poudre, 1 étoile de badiane ou autre produit anisé (bonbon, pastis), 20 g de réglisse (bonbon ou poudre)

Faites bouillir le lait, laissez-le refroidir. Dans un saladier, fouettez les jaunes d'œufs et le sucre jusqu'à ce que le mélange blanchisse. Versez le lait dessus, et fouettez sur le feu jusqu'à ce que la température atteigne 85 °C (contrôlez à l'aide d'un thermomètre de cuisson). Fouettez encore 5 minutes hors du feu. Versez cette crème dans un saladier, ajoutez les épices et laissez infuser 2 heures.

Filtrez. Placez dans la turbine à glace. Mettez sur position « turbine et refroidissement », laissez turbiner 20 minutes. Arrêtez, ouvrez la machine et goûtez à la cuillère si la texture vous convient : la glace ne doit pas être trop molle, sinon des paillettes vont se former.

**« Choisissez du miel nature. Vous pouvez aussi remplacer toutes les épices par 80 g d'un mélange déjà prêt pour pain d'épice. »**

# Brochettes d'ananas,
## glace pain d'épice au miel

Cela paraît évident. Et pourtant, le résultat est surprenant.

Préparation : 20 min  Cuisson : 10 min  Macération : 3 h

Pour 4 personnes
1 ananas, 100 g de sucre en poudre, 100 g de sucre de canne en morceaux,
chantilly en bombe ou 200 g de crème fraîche épaisse, parfum au choix (rhum, kirsch, curaçao)

Pelez l'ananas et détaillez-le en dés de 3 cm. Saupoudrez-le de sucre et laissez-le macérer 3 heures pour qu'il rende un peu de jus.

Égouttez les morceaux et réservez le jus. Enfilez les cubes d'ananas sur des brochettes.

Concassez grossièrement le sucre en morceaux avec le fond d'une tasse et parsemez-en les brochettes. Déposez-les dans un plat allant au four et faites-les cuire environ 10 minutes sous le gril, pas trop près de la rampe afin que la caramélisation se fasse doucement.

Parfumez le jus d'ananas avec du rhum, du kirsch ou du curaçao et mélangez-le délicatement avec un peu de chantilly ou de crème fraîche épaisse. Nappez-en les brochettes juste au moment de servir.

Servez avec la glace pain d'épice au miel (voir page 57).

« Pour choisir un ananas, fiez-vous à sa couleur (reflets d'automne) plus qu'à la fameuse feuille qui se détache… et à la variété (pain de sucre). Certains ont des écailles très larges, peu piquantes et une robe vert et jaune. Ils sont de calibre moyen et offrent un très bon rapport qualité/prix. »

# Sorbet aux fruits de la Passion

Vous en reprendrez bien une troisième fois, non ?

**Préparation : 10 min**

**Pour 4 personnes**
600 g de fruits de la Passion, sucre en poudre (de 50 à 90 % du poids du jus des fruits)

Coupez les fruits en deux, évidez-les à l'aide d'une petite cuillère et filtrez le jus. Selon l'acidité des fruits, ajoutez de 50 à 90 % du poids du jus en sucre et autant en eau.

Laissez-vous guider par votre goût mais le principe poids de l'eau équivalent au poids du sucre est invariable.

Mixez. Placez dans la turbine à glace. Mettez sur position « turbine et refroidissement », laissez turbiner 20 minutes. Arrêtez, ouvrez la machine et goûtez à la cuillère si la texture vous convient : la glace ne doit pas être trop molle, sinon des paillettes vont se former.

« Les fruits disponibles à la vente au détail proviennent souvent du Kenya (petits, violets), de Colombie (plus gros, rouges) ou d'Israël, ces derniers étant beaucoup moins acides que les autres. »

# Marquise au chocolat,
## sorbet aux fruits de la Passion

Une version de la charlotte plus délicate, plus intense, plus facile à réaliser.
En accord avec le sorbet aux fruits de la Passion, c'est un summum.

**Préparation : 30 min   Cuisson : 5 min   Réfrigération : 6 h**

**Pour 4 personnes**
200 g de chocolat à 70 % de cacao, 5 gros œufs ou 6 moyens, 80 g de beurre, 5 cl de crème fraîche, 80 g de sucre en poudre, 5 cl de rhum, 1 pincée de sel

Cassez le chocolat en morceaux. Cassez les œufs en séparant les blancs des jaunes. Dans une casserole, faites fondre le chocolat dans 2 cuillerées à soupe d'eau. Dès qu'il est fondu, ajoutez le beurre et la crème fraîche en remuant avec une cuillère en bois. Retirez la casserole du feu et laissez refroidir.

Ajoutez les jaunes d'œufs un par un, puis le sucre, en continuant de bien remuer jusqu'à ce que le mélange soit homogène. Versez le rhum et remuez encore un instant.

Montez les blancs d'œufs en neige ferme avec une pincée de sel dans un récipient plus haut que large. Incorporez-les au chocolat fondu en soulevant la masse (jamais en tournant, sinon les blancs se cassent).

Versez dans un moule à charlotte que vous aurez pris soin de garnir de film étirable en vue du démoulage. Réservez 6 heures au frais.

Démoulez et servez entourée de quenelles de sorbet aux fruits de la Passion (voir page 61).

**« Vous pouvez agrémenter la marquise de biscuits roses de Reims ou de macarons et la transformer ainsi en charlotte. Cette opération peut se faire dans le moule au moment de mettre la mousse au chocolat, mais la précaution du film étirable reste valable. »**

# Glace courgettes et parmesan

Mais si, mais si, vous allez adorer.

**Préparation : 15 min   Cuisson : 20 min**

**Pour 4 personnes**
4 courgettes (environ 600 g) , 100 g de parmesan râpé, 10 cl de crème fleurette, 3 cuil. à soupe d'huile d'olive, sel et poivre du moulin

Préchauffez le four à 180 °C (th. 6).

Lavez et essuyez les courgettes, coupez-les en rondelles de 0,5 cm. Dans un plat allant au four, disposez-les en écailles de poisson. Salez et poivrez, arrosez d'huile d'olive. Faites cuire 20 minutes au four.

Faites chauffer la crème et le parmesan râpé dans une casserole en remuant afin que le mélange soit fondu et homogène.

Dans un saladier, mixez les courgettes puis ajoutez la crème au parmesan. Laissez refroidir.

Placez dans la turbine à glace. Mettez sur position « turbine et refroidissement », laissez turbiner 20 minutes. Arrêtez, ouvrez la machine et goûtez à la cuillère si la texture vous convient : la glace ne doit pas être trop molle, sinon des paillettes vont se former.

“ Utilisez des petites courgettes, les grosses rendent plus d'eau. ”

# Caviar d'aubergines,
## glace courgettes et parmesan

Classique mais ultra-efficace.

**Préparation : 15 min  Cuisson : 20 min  Dégorgeage : 2 h**

**Pour 4 personnes**
4 aubergines moyennes , 2 tomates, 1 cuil. à soupe d'huile d'olive, gros sel, sel et poivre du moulin

Lavez les aubergines, essuyez-les et coupez-les dans le sens de la longueur. Ôtez les pépins puis coupez-les en tronçons. Mettez-les dans une passoire, saupoudrez de gros sel et laissez dégorger 2 h.

Pendant ce temps, épluchez et épépinez les tomates, coupez la pulpe en dés.

Passez rapidement les morceaux d'aubergine sous l'eau et essuyez-les dans un torchon en pressant légèrement. Mettez-les dans une cocotte avec l'huile d'olive et faites sauter 5 minutes. Ajoutez les tomates, laissez mijoter 20 minutes sans couvrir en remuant pour obtenir une purée. Salez et poivrez.

Servez tiède avec la glace courgettes et parmesan.

**« Servez le caviar d'aubergines chaud afin de transformer la glace en fondant. »**

# Glace au chocolat

Plus classique ? Impossible.
Il s'agit pourtant de l'une des glaces les plus étonnantes de la sélection.

Préparation : 15 min Cuisson : 10 min

Pour 4 personnes
40 cl de lait, 4 jaunes d'œufs, 220 g de chocolat à 70 % de cacao, 100 g de sucre en poudre

Cassez le chocolat en morceaux et faites-le fondre au bain-marie.

Faites bouillir le lait, laissez-le refroidir. Dans un saladier, fouettez les jaunes d'œufs et le sucre jusqu'à ce que le mélange blanchisse. Versez le lait dessus, et fouettez sur le feu jusqu'à ce que la température atteigne 85 °C (contrôlez à l'aide d'un thermomètre de cuisson). Fouettez encore 5 minutes hors du feu. Ajoutez le chocolat fondu. Mélangez et réservez dans un saladier jusqu'à complet refroidissement. Cette opération permet non seulement d'obtenir une préparation homogène et veloutée, mais assure la pasteurisation des éléments, condition essentielle à la conservation d'un aliment sain au congélateur, ce qui peut être le sort d'une glace.

Placez dans la turbine à glace. Mettez sur position « turbine et refroidissement », laissez turbiner 20 minutes environ. Arrêtez, ouvrez la machine et goûtez à la cuillère si la texture vous convient : la glace ne doit pas être trop molle, sinon des paillettes vont se former.

« Vous pouvez aussi ne pas turbiner la crème. Placez-la au réfrigérateur pendant une nuit. Le matin, vous aurez la surprise de découvrir une crème mousseuse. »

# Glace en brioche,
## glace au chocolat

Vous ne pourrez pas dire que l'on ne vous avait pas prévenus.

Préparation : 15 min   Cuisson : 6-8 min   Congélation : 2 h

Pour 4 personnes
4 brioches individuelles à tête de chez le boulanger, 4 cuil. à soupe de glace au chocolat (voir page 66)

Coupez les brioches à 1 cm de la tête et évidez-les sans percer le fond en conservant des parois épaisses de 1 cm. Garnissez-les de glace au chocolat et refermez avec le chapeau. Placez au congélateur au moins 2 heures.

Préchauffez le four à 180 °C (th. 6).

Sortez les brioches 10 minutes avant de les mettre au four. Faites cuire de 6 à 8 minutes : elles sont tièdes et croustillantes en surface et la glace à exacte température.

« Essayez cette recette avec une glace à la vanille (voir page 9) ou au caramel (voir page 36). »

# Sorbet au concombre

Une recette qui colle 100 % à son époque.

Préparation : 10 min   Cuisson : 35 min

Pour 4 personnes

2 concombres, 125 g de crème fraîche épaisse, sel et poivre du moulin

Lavez les concombres puis coupez-les en tronçons de 3 cm environ. Mettez-les dans une casserole avec un fond d'eau, salez et poivrez. Faites cuire 35 minutes en remuant de temps en temps.

Égouttez les concombres, puis passez-les au mixeur avec la crème fraîche. Laissez refroidir.

Placez dans la turbine à glace. Mettez sur position « turbine et refroidissement », laissez turbiner 20 minutes. Arrêtez, ouvrez la machine et goûtez à la cuillère si la texture vous convient : la glace ne doit pas être trop molle, sinon des paillettes vont se former.

“ Vous pouvez remplacer la crème par 3 cuillerées à soupe d'huile d'olive et ajouter une branche d'aneth. ”

# Cornets de saumon fumé,
## sorbet au concombre

Saumon fumé, salade de caractère et œufs de truite : l'équation parfaite pour coller à la peau du sorbet au concombre.

Préparation : 10 min  Cuisson : 35 min

**Pour 4 personnes**
2 grandes tranches de saumon fumé, 4 cuil. à soupe d'œufs de truite, 150 g de roquette, 1 citron

Coupez les tranches de saumon en deux. Roulez-les en cornet, puis garnissez-les de roquette et d'œufs de truite.

Pressez le citron et arrosez les cornets de jus. Servez avec le sorbet au concombre (voir page 70) et des blinis chauds.

« Vous pouvez remplacer les œufs de truite par des œufs de lump ou des œufs durs écrasés. »

# Sorbet à l'abricot

Frais et acidulé, ce sorbet fait carton plein à chaque fois.

Préparation : 10 min   Cuisson : 35 min

Pour 4 personnes
500 g d'abricots (frais ou surgelés), 150 g de sucre en poudre

Placez les fruits entiers dans le panier d'une Cocotte-Minute (cela aura pour effet d'empêcher l'oxydation qui outrage leur jolie couleur) et faites cuire environ 10 minutes à partir du chuchotement de la soupape, jusqu'à ce qu'ils soient bien mous. Laissez-les refroidir.

Dénoyautez les abricots, mettez-les dans un saladier avec le sucre et mixez.

Placez dans la turbine à glace. Mettez sur position « turbine et refroidissement », laissez turbiner environ 20 minutes. Arrêtez, ouvrez la machine et goûtez à la cuillère si la texture vous convient : la glace ne doit pas être trop molle, sinon des paillettes vont se former.

« Préférez des abricots dits à confiture, de type bergeron ou rouges du Roussillon, plutôt que des variétés à très gros calibre. »

# Profiteroles à la crème de chocolat blanc, sorbet à l'abricot

C'est une version contemporaine des profiteroles, qui rend complètement accro.

Préparation : 10 min Cuisson : 35 min

**Pour 4 personnes**
12 chouquettes de chez le boulanger, 100 g de chocolat blanc, 25 cl de lait, 2 jaunes d'œufs

Cassez le chocolat en morceaux. Faites-le fondre dans une casserole avec 2 cuillerées à soupe d'eau. Réservez au chaud.

Battez les jaunes d'œufs en omelette. Faites bouillir le lait, laissez-le refroidir puis versez-le sur les jaunes. Fouettez sur le feu jusqu'à ce que la température atteigne 85 °C (contrôlez à l'aide d'un thermomètre de cuisson). Fouettez encore 5 minutes hors du feu et incorporez le chocolat à la crème.

Ouvrez les chouquettes, garnissez-les de sorbet à l'abricot (voir page 74), refermez-les et nappez-les de crème au chocolat blanc.

« Maintenez le chocolat fondu au chaud dans le four à micro-ondes.
Vous pouvez parsemer ces profiteroles d'amandes effilées. »

# Index des recettes

## REMERCIEMENTS

Je remercie mes clients, pour leur amitié complice...
Ils ont apprécié mon sourire en attendant mon savoir-faire...
Je remercie la maison d'édition Solar pour la même raison...

Martine Lambert

Mon petit Ruben pour sa bouille ronde comme une boule de glace.
Martine Lambert pour m'avoir révélé ce qu'était une vraie glace.
Suyapa Granda Bonilla pour sa confiance renouvelée.
Marion Guillemet pour sa patience et son suivi sans faille.

David Batty

Natacha Arnoult remercie
Ressource pour ses peintures aux tons subtils,
Jeannine Cros pour ses magnifiques linges anciens teints,
DéLonghi pour le prêt de la turbine à glace, ainsi que Martine Lambert.

DIRECTION : JEAN-LOUIS HOCQ

DIRECTION ÉDITORIALE : SUYAPA GRANDA BONILLA

CONCEPTION GRAPHIQUE, RÉALISATION & COUVERTURE : GUYLAINE MOI

ÉDITION : MARION GUILLEMET-BIGEARD

RÉDACTION : SYLVIE GAUTHIER

FABRICATION : CÉLINE PREMEL-CABIC

PHOTOGRAVURE : APS

DēLonghi



Édition du Club France Loisirs, Paris
Avec l'autorisation des Éditions Solar

Éditions France Loisirs,
123, boulevard de Grenelle, Paris
www.franceloisirs.com

ISBN : 978-2-298-05429-3
N° éditeur : 66567
Dépôt légal : mai 2012